글 트레이시 터너

오랫동안 출판사에서 어린이책 편집자로 일했고, 지금은 사회, 역사, 과학 등 다양한 어린이책을 쓰고 있습니다. 《날개가 바꾼 역사》, 《상식의 빈틈을 채우는 지식백과》 등 수많은 책이 20개 이상의 언어로 출판되어 베스트셀러가 되었습니다. 《얼마나 많은 쥐가 있어야 코끼리를 만들 수 있을까?》로 영국 학교도서관협회에서 주관하는 '지식정보책 대상'을 수상했습니다.

그림 오사 길랜드

스웨덴 출신의 어린이책 일러스트레이터로 문구류, 섬유 디자인, 가구 장식품 등 다양한 분야의 예술 작품도 디자인하고 있습니다. 그린 책으로는 《나는 거의 항상 친절해》, 《할머니의 마법》, 《나의 첫 번째 반려식물》 등이 있습니다.

옮김 서남희

대학에서 역사와 영문학을 공부했습니다. 《아이와 함께 만드는 꼬마영어그림책》, 《그림책과 작가 이야기》 시리즈를 썼으며, 《그림책의 모든 것》, 《100권의 그림책》, 《세계사 박물관》, 《가난한 사람은 왜 생길까요?》, 《세계사를 한눈에 꿰뚫는 대단한 지리》 등을 우리말로 옮겼습니다.

세계의 친구들은 어떻게 살아갈까요?

초판 1쇄 발행일 2022년 10월 30일 | **초판 2쇄 발행일** 2023년 6월 30일
글 트레이시 터너 | **그림** 오사 길랜드 | **옮김** 서남희
펴낸이 유성권 | **편집장** 심윤희 | **편집** 유옥진, 한지희, 김성원 | **디자인** 황금박g, 이수빈
마케팅 김선우, 강성, 최성환, 박혜민, 심예찬, 김현지 | **홍보** 김애정, 임태호 | **제작** 장재균 | **관리** 김성훈, 강동훈
펴낸곳 (주)이퍼블릭 | **출판등록** 1970년 7월 28일(제1-170호)
주소 서울시 양천구 목동서로 211 범문빌딩 | **전화** 02-2651-6121 | **팩스** 02-2651-6136
홈페이지 www.safaribook.co.kr | **카페** cafe.naver.com/safaribook
블로그 blog.naver.com/safaribooks | **포스트** post.naver.com/safaribooks
인스타그램 @safaribook_ | **페이스북** facebook.com/safaribookskr

ISBN 979-11-6951-501-6 (73980)

THIS IS OUR WORLD
First published 2020 by Macmillan Children's Books an imprint of Pan Macmillan
Text and design copyright © Raspberry Books 2020

Korean Translation Copyright © E-Public(Safari) 2022 All rights reserved.
This edition is published by arrangement with Macmillan Publishers International Ltd
through KidsMind Agency, Korea.

이 책의 한국어판 저작권은 키즈마인드 에이전시를 통해 Macmillan Publishers International Ltd와 독점 계약한 (주)이퍼블릭(사파리)에 있습니다. 신 저작권법에 의해 한국 내에서 보호를 받는 저작물이므로 무단 전재와 복제를 금합니다.

*책값은 뒤표지에 있습니다.
* 이 책의 내용 일부 또는 전부를 재사용하려면 반드시 저작권자와 (주)이퍼블릭 양측의 동의를 얻어야 합니다.
* 사파리는 (주)이퍼블릭의 유아·아동·청소년 출판 브랜드입니다.

 KC마크는 이 제품이 공통안전기준에 적합하였음을 의미합니다.
제조명 : (주)이퍼블릭(사파리) 제조국명 : 대한민국 사용 연령 : 8세 이상
종이에 베이거나 모서리에 다치지 않게 주의하세요.

차 례

세계의 친구들을 만나요! 4

지도로 보는 세계 친구들이 사는 곳 ... 6

순다르반 8

카파도키아의 동굴 집 10

알래스카 외딴집 12

베네치아 14

아프리카 초원 16

베이징 18

아마존 열대 우림 20

일본 산골 마을 22

노르웨이 북부 24

사하라 사막 26

남태평양의 바누아투 28

애리조나주 수파이 마을 30

캄보디아의 수상 가옥 32

몽골 서부 34

오스트레일리아 중부 36

융가스 계곡 38

진흙 벽돌 도시 젠네 40

뉴욕시 42

셰틀랜드 제도 44

야말반도 46

찾아보기 48

세계의 친구들을 만나요!

세상의 어린이들은 각기 다양한 생활 방식과 환경, 문화 속에서 살아가고 있어요.
우리의 일상은 살아가는 자연환경과 문화에 따라 달라요. 맹그로브 숲속이나 알래스카에서 사는
친구와 대도시에서 살고 있는 친구는 학교에 가는 방법도 하루를 보내는 방법도 전혀 다르거든요.
어떤 친구는 숲길을 걸어서 가고, 어떤 친구는 버스를 타고, 어떤 친구는 배를 타거나
까마득한 계곡 사이에 달린 집라인을 타고 학교에 간답니다. 어때요, 놀랍지 않나요?

이 책에는 깊은 열대 숲속부터 건조한 사막과 춥디추운 툰드라, 산촌 마을과 도시에서 다양하게 살아가고 있는 친구들의 일상이 담겨 있어요. 여러분이 꼭 가보고 싶은 멋진 여행지에서 살아가는 친구도 있고, 정말 덥거나 추운 환경에서 살아가는 친구도 있을 거예요. 세계가 발전하고 기후가 변하면서 전통적인 생활 방식을 바꾸거나 바꿀 수밖에 없는 친구들도 늘어나고 있답니다.

자, 그럼 씩씩하고 건강하게 살아가고 있는 세계의 친구들을 만나러 가 볼까요?

순다르반

맹그로브 나무

안녕, 내 이름은 나시마야. 나는 방글라데시 순다르반에 살아. 순다르반은 '아름다운 숲'이란 뜻 그대로 숲과 바다가 만나는 곳에 자리한 작은 섬마을이야. 우리 마을은 아주 넓은 맹그로브 숲과 모래 언덕, 갯벌 덕분에 다양한 야생 생물들이 살고 있어. 그래서 유네스코의 세계 자연 유산으로 보호하고 있지.

앵무새

나는 동생 아르잔이랑 데브나스 그리고 엄마 아빠랑 함께 살아. 우리 형제는 날마다 큰 마을에 있는 학교에 아빠와 배를 타고 노를 저어서 간단다.

숲과 바다는 우리 가족에게 필요한 많은 걸 아낌없이 줘. 우리는 숲에서 땔감을 얻고, 벌집에서 꿀을 모으고, 바다에서 물고기랑 게도 잡거든. 하지만 위험한 일도 많아서 조심해야 해.

순다르반은 인도와 방글라데시에 걸쳐 1만km² 쯤 뻗어 있어요.

순다르반의 인구 : 약 200만 명

언어 : 벵골어, 힌디어, 영어

우리 마을 숲속에는 무시무시한 호랑이들이 살고 있어. 사람들은 호랑이가 뒤에서 덮칠까 봐 뒤통수에 가면을 쓰기도 해. 하지만 잘 속지 않아서 해마다 많은 사람들이 호랑이에게 물려 죽고 있어.

우리 마을에는 거대한 바다악어랑 맹독을 가진 뱀들도 아주 많아.

하지만 사나운 짐승에게 공격을 당해서 다쳐도 병원에 가기가 쉽지 않아. 병원이 멀리 떨어진 육지에 있는 데다 치료비도 비싸기 때문이야.

우리는 숲의 여신 본비비 님께 우리 가족과 마을 사람들을 위험에서 보호해 달라고 기도해. 그리고 꼭 필요한 것만 숲에서 가져가겠다고 약속드려.

킹코브라
벵골호랑이
액시스사슴
참수리
마카크원숭이
왕도마뱀

카파도키아의 동굴 집

내 이름은 에스린이야. 나는 튀르키예 중부에 있는 바위를 파거나 깎아 만든 마을에 살고 있어. 이 세상 어디에도 우리 마을 같은 곳은 없을 거야!

그리스 거북

이곳의 바위들은 수백만 년 전에 화산이 폭발하면서 쌓인 화산재가 굳어져 만들어진 거래. 동굴, 탑, 원뿔 등 온통 특이한 모양의 바위들로 가득해. 사람들은 수백 년 전에 이 바위들을 파내고 돌을 덧대서 온 세상에 하나뿐인 건물들을 지었단다.

우리 마을 이름은 괴레메야. 우리 마을의 집들은 대부분 바위를 파내 만들었어. 우리 집 지하 공간도 바위 동굴이지. 동굴 안에 있는 화덕에서 음식을 만들고, 푹 팬 벽 안에는 천을 짤 때 쓰는 베틀을 놓아두었어. 동굴 안에 쏙 들어가 있으면 덥고 건조한 여름에는 시원하고, 눈 내리는 추운 겨울에는 따스하게 지낼 수 있어서 참 좋아.

사람들은 수천 년 전부터 이곳에서 살아왔어. 하지만 마을의 모든 건물이 바위를 파내고 지은 건 아니야. 우리 학교는 그냥 평범한 건물이거든.

우리 마을 근처에는 도시 전체가 지하에 있는 곳들도 있어. 무려 지하 11층이나 된다고 해! 하지만 지금은 텅 빈 채 아무도 살지 않아.

요정의 굴뚝이라고 불리는 바위기둥

먹황새

괴레메에서 가장 멋진 건물은 30개가 넘는 교회들이야. 1,000여 년 전에 버섯 바위를 이용해 지었는데, 안으로 들어가면 벽마다 아름다운 예술 작품으로 장식되어 있거든. 지금 이 교회들 일부는 야외 박물관으로 둘러볼 수 있고, 참 재미난 이름으로 불린단다. 사과 교회, 뱀 교회, 샌들 교회, 이름 없는 교회처럼 말이야!

매일 수많은 관광객들이 우리 마을과 교회들을 보려고 찾아오고 있어. 관광객들은 마을 전체를 내려다보기 위해 열기구를 타고 하늘로 두둥실 올라가기도 해.

푸른돌 도마뱀

언어 : 튀르키예어

괴레메의 인구 : 약 6,000명

카파도키아의 면적은 약 5,000km²예요.

알래스카 외딴집

안녕, 나는 잭이야. 우리 집은 울창한 숲과 산으로 둘러싸인 알래스카 한가운데에 있어. 엄마 아빠랑 어린 여동생이랑 외딴 통나무집에서 살아. 우리 이웃은 여러 동물들과 자연이지.

우리 통나무집 주변에는 도로가 없어. 그래서 마을에 가려면 시냇물과 넓은 툰드라, 울창한 숲을 지나 두 시간 동안 걸어가야 해. 여름에 툰드라를 지날 때면 마치 스펀지 위를 걷는 것 같아. 참, 알래스카에서 걸을 땐 곰이 놀라지 않도록 소리를 내야 한단다. 곰은 사람 소리를 들으면 멀찍이 가거든. 특히 새끼와 함께 있는 곰은 아주 위험하기 때문에 조심해야 한대.

이곳은 겨울에 아주아주 추워. 그래도 눈이 많이 쌓이면 마을에 갈 때 설상차를 탈 수 있어서 오히려 좋기도 해. 걷는 것보다 훨씬 빠르고, 크고 무거운 짐들도 실을 수 있거든. 우리 집 난로랑 세탁기도 설상차에 실어서 날라 온 거야.

캐나다 기러기

회색곰

우리 집에는 수도나 전기가 들어오지 않아. 대신 샘에서 물을 긷고 태양 전지판을 이용해 전기를 얻어. 햇빛이 약한 겨울에는 발전기를 돌려야 해. 우리 아빠 회사는 미국 샌디에이고에 있지만 이곳 알래스카 통나무집에서 일하셔.

흰머리수리

우리는 학교에 다니지 않고 집에서 공부해. 집에 텔레비전은 없지만 인터넷도 되고, 책도 많아. 사촌들, 할아버지 할머니와 영상 통화도 자주 하고, 친척들이 종종 오기도 해. 그래서 이곳 외딴집에서 살지만 외롭지 않단다.

알래스카 인구 :
약 74만 명

미국 인구 :
약 3억 3,000만 명

언어 :
영어와 20가지
아메리카 원주민 언어

베네치아

내 이름은 마시모야. 나는 이탈리아에 있는 아주 색다른 도시에서 살아. 이곳에서는 도로 대신 운하의 물길을 따라 배를 타고 다니거든. 바로 해마다 700만 명이 넘는 관광객들이 찾아오는 세계적인 물의 도시 베네치아야.

베네치아는 원래 얕은 석호였대. 모래가 쌓여서 바다와 분리되어 만들어진 호수를 '석호'라고 하는데, 그곳에 기둥을 깊이 박아 도시를 세운 거야. 베네치아는 작은 섬들이 수많은 다리로 이어져 있어. 다리 아래로 150개에 이르는 운하들이 구불구불 흐르고 있지.

가마우지

베네치아를 여행할 땐 걸어서 둘러보는 게 좋아. 한 시간 정도면 베네치아를 걸어서 통과할 수 있거든. 곤돌라나 수상 버스를 타도 재미있어. 곤돌라는 천 년이 넘는 시간 동안 베네치아 사람들이 이용해 온 대표적인 교통수단이야.

베네치아의 인구 :
약 5만 5,000명
(육지 쪽의 신도시까지
포함하면 약 26만 명이에요.)

베네치아의 면적 : 415km²
(베네치아의 석호: 5,950km²)

언어 :
이탈리아어, 베네치아 방언

갈매기

가을부터 봄 사이에 밀물이 가장 높게 올라가는 만조 땐 베네치아의 거리가 온통 물바다로 변하곤 해. 바닷물이 무릎까지 차오르면 임시 나무다리 위로 다니거나 긴 고무장화를 신어야 하지. 지구 온난화로 해수면이 계속 올라가고 있어서 정말 걱정이야.

비둘기

나는 학교에 다녀와서 친구들과 광장에서 신나게 축구하는 걸 좋아해. 하지만 공을 너무 세게 차서 운하에 떨어지면 기다란 막대기로 건져야 해서 힘들어. 종종 배에 탄 사람들이 공을 건져서 던져 주기도 해.

아프리카 초원

마사이족의 인구 : 약 35만 명

마사이족은 약 16만km²에 이르는 케냐 남부와 탄자니아 북부 초원에 흩어져 살고 있어요.

언어 : 마사이어(마어), 스와힐리어, 영어

코끼리

기린

안녕! 내 이름은 나멜로크야.
나는 케냐 세렝게티에 있는 마사이족의 마을에 살아. 세렝게티는 마사이 말로 '끝없는 들판'이란 뜻이란다.

우리 집은 엄마가 진흙에다 풀이랑 나뭇가지, 쇠똥을 섞어서 둥글고 낮게 지으셨어. 마사이족은 여자들이 집을 짓거든. 우리 마을에서는 코끼리, 기린, 얼룩말, 사자, 누, 치타를 가까이에서 언제나 볼 수 있어. 그래서 남자들은 옹기종기 모여 있는 집 주위로 가시나무 울타리를 높게 둘러. 그래야 동물들이 못 들어오거든.

마사이족은 소를 아주 소중하게 생각해.
그래서 남자아이들이 낮에는 소와 염소 들을
돌보다가 밤에는 안전한 울타리에 가두어 두지.
맹수들한테 잡아먹히지 않도록 말이야.
소마다 소리가 다른 종을 달아 주어서
종소리만으로도 어느 소인지 알 수 있어.

마을 여자들은 어른은 물론이고 아이들도
모두 염소와 소의 젖을 짜. 그리고 마사이족은
특별한 행사가 있을 때 소의 피를 마시는 전통이
있어. 소의 피를 마시면 강해진다고 믿거든.
이때 소중한 소가 피를 많이 흘려 아프지
않도록 특수한 화살을 사용해.

사자 누 치타 얼룩말

나랑 동생들은 매일 걸어서 학교에 가.
난 우리 학교와 선생님들이 참 좋아.
의사가 되고 싶어서 열심히 공부하고 있어.

학교가 끝나면 엄마를 도와서 물을 길어 와야
해. 건조한 시기에는 비가 오지 않아서 물이
아주 귀하거든. 그래서 아주 아껴 써야 한단다.
물은 강에서 집까지 당나귀 등에 실어서 옮겨.

내가 가장 좋아하는 게 뭐냐고?
친구들이랑 축구하고, 당나귀를 타고,
엄마랑 할머니가 들려주시는 재미난
이야기를 듣는 거야!

베이징

안녕, 내 이름은 닝이야! 나는 중국의 수도 베이징에 살고 있어. 수많은 사람들로 북적북적하고 분주하지만 역사의 향기가 짙은 도시지!

베이징의 인구 : 약 2,200만 명
베이징의 면적 : 1만 6,400km²
언어 : 표준 중국어

베이징은 옛것과 새것이 어우러져 있는 도시야. 우리는 현대식 아파트에 살고 있지만, 300년 전에 지어진 아름다운 옛 별장 이허위안도 있거든. 이허위안에는 어마어마하게 큰 호수와 흙을 파낸 흙으로 만든 산, 크고 작은 정원과 불교 건축물들도 있지. 지하철을 타고 중심가에 가면 중국 황제들이 500년 동안 살았던 쯔진청이 있어. 지금은 누구나 들어갈 수 있는 박물관이지만, 예전에는 황제와 황실 가족, 혹은 특별히 초대된 사람들만 들어갈 수 있었대.

나는 엄마 아빠랑 하이뎬 구에 있는 아파트에서 살아. 근처에 중국 최고의 대학들이 있는데, 우리 엄마 아빠는 그곳에서 학생들을 가르치셔. 내가 다니는 학교도 가까이 있어서 걸어서 다닌단다.

황조롱이

써훙어

파란 하늘을 볼 수 있는 맑고 화창한 날이면 사람들은 베이징 곳곳의 공원에 모여 라인 댄스도 추고, 태극권도 연습하곤 해. 하지만 자동차 배기가스와 발전소 때문에 발생하는 스모그, 사막에서 날아온 황사로 파란 하늘을 보기가 쉽지 않아. 그래서 마스크를 쓰고 다니는 날이 많아서 아쉬워.

우리는 쯔진청보다 훨씬 더 유명한 원리청청 가까이에 살아. 원리청청은 2만 1,000킬로미터가 넘게 이어져 있고 곳곳에 요새들이 흩어져 있는 성벽이야. 한때 북쪽에서 쳐들어오는 적들을 든든하게 막아 주었대.

시베리아 족제비

아무도 고슴도치

시베리아 다람쥐

검은 뽈 찌르레기

열대 우림

| 문두루쿠족이 사는 면적: 2만 4,000km² |
| 문두루쿠족의 인구: 약 1만 4,000명 |
| 언어: 문두루쿠어, 포르투갈어 |

나는 학교가 끝나면 엄마를 도와 카사바를 갈아서 가루로 만들거나 집안일을 도와드려. 해야 할 일을 마치면 친구들이랑 축구도 하고 강에서 물놀이도 하며 놀아. 가끔 분홍색을 띤 행운의 아마존강돌고래를 볼 때도 있어!

우리 마을에는 문두루쿠족이 모여 살고 있어. 오래전에 전사였던 우리 부족은 이제 열대 우림을 위협하는 많은 것들과 싸우는 중이야. 사람들이 더 많은 이익을 위해 아마존 숲을 파헤치고 나무를 모두 베어 낸 뒤 밀어 버려서 소를 키울 초원이나 농장을 만들려고 하거든.

심지어 브라질 정부가 전기를 만들기 위해 초대형 댐을 건설하겠다고 발표해서 그에 맞서 싸우는 중이야! 댐을 만들면 숲에서 살아가는 수많은 야생 동물들과 수세기 동안 아마존에서 살아온 문두루쿠족의 터전이 영원히 사라지고 말거든.

큰부리새

다람쥐원숭이

골리앗버드이터

아마존강 돌고래

일본 산골 마을

안녕? 내 이름은 모모코야. 나는 일본 시코쿠섬의 작은 산골 마을 가미야마에 살아.

우리 가족은 세계에서도 바쁘고 붐비기로 손꼽히는 대도시 도쿄에서 살았어. 그러다 얼마 전에 엄마 아빠, 여동생 유메랑 이 마을로 이사 왔지.

지난 60년 동안 도시에서 멀리 떨어진 시골 인구가 눈에 띄게 줄어들었대. 젊은이들이 도시로 떠났기 때문이야. 그래서 우리 마을에도 나이 드신 분이 정말 많아. 정부에서는 젊은 사람들이 시골로 다시 돌아와 살도록 많은 도움을 주고 있어. 그 덕분에 우리 가족처럼 북적거리는 도시를 떠나 산과 강으로 둘러싸인 이곳으로 오는 사람들이 계속 늘고 있단다.

반달가슴곰

살무사

우리 마을에는 아이들이 많지 않아서 학교가 무척 작아. 그리고 고등학교가 없어서 고등학생이 되면 아주 멀리 있는 학교에 가야 한대. 하지만 점점 많은 사람들과 가족이 우리 마을로 오고 있으니까 학생들도 곧 많아질 거 같아. 그럼 고등학교도 생기지 않을까?

가미야마초의 인구 :
약 6,200명

일본의 인구 :
1억 2,700만 명

언어 : 일본어

멧돼지

두루미

벚꽃

나는 사계절 가운데 봄을 제일 좋아해. 분홍색 벚꽃과 흰색 벚꽃 들이 꽃구름처럼 피어나서 진짜 아름답거든. 벚꽃 축제가 열리면 정말 들뜨고 신나!

가미야마가 있는 시코쿠섬에는 88개나 되는 절이 있어. 우리 집 가까이에도 아주 오래된 절이 있거든. 많은 사람들이 둥그런 순롓길을 따라 걸으며 기도도 하고 아름다운 자연을 경험하려고 찾아오고 있어.

노르웨이 북부

노르웨이의 인구 : 약 550만 명

쇠뢰위아섬의 인구 : 약 1,100명

언어 : 노르웨이어, 사미어, 영어

안녕! 나는 네티야. 노르웨이 북쪽의 바위섬 쇠뢰위아에서 살고 있지. 이곳은 몹시 추워서 가장 높은 봉우리가 언제나 새하얀 눈에 덮여 있어.

혹등고래

범고래

우리 엄마는 여동생 잉그리드와 엘세와 나를 매일 학교까지 차로 데려다 주셔. 학교가 집에서 꽤 멀리 있거든.

우리 가족이 사는 마을은 쇠르베르야. 이곳 사람들은 대부분 우리 아빠처럼 청어와 대구를 잡아서 살아가. 범고래와 혹등고래 들도 고기잡이배들을 따라다니며 물고기를 먹곤 하지. 그런데 점점 물고기가 줄어들어서 모두 걱정이야.

하프물범

이곳은 여름과 겨울이 모두 춥지만 분위기가 전혀 달라.
여름에는 해가 지지 않아서 밤에도 어두워지지 않거든.
그래서 친구들이랑 바위 사이의 작은 물웅덩이에서
놀거나 자전거를 타고 섬을 한 바퀴 돌기도 해.

여름과 달리 겨울에는 오랫동안 해가 뜨지 않고 밤만
계속돼. 비록 해는 보이지 않아도 하늘이 햇빛으로 곱게
물들어. 무엇보다 구름이 끼지 않은 맑은 밤에는 하늘을
가로질러 아름답게 펼쳐지는 '오로라'를 볼 수 있지.
마치 빨강, 노랑, 파랑, 분홍, 연둣빛 거대한 커튼이
밤하늘에서 일렁이는 것처럼 아름답고 감탄이 절로 나는
광경이야. 오로라는 태양에서 나오는 전기를 띤 알갱이가
지구 대기의 아주 작은 물질들과 부딪치며 다양한 색깔의
빛을 내는 거래. 엄청나게 큰 청어 떼들이 반사하는
빛이라거나 죽은 뒤의 세계로 가는 다리라는
재미난 이야기도 있어.

흰죽지참수리

참솜깃오리

북극제비갈매기

겨울이 되면 나랑 동생들은 주로 책을 읽어.
그리고 우리끼리 이야기를 만들어서 종이에
적은 뒤 접어서 책을 만들기도 해. 그림을
잘 그리는 동생 잉그리드가 그림을 맡는단다.

사하라 사막

모자쓴독수리

바바리양

내 이름은 바시르야. 우리 가족은 사하라 사막에서 살아가는 투아레그족이야. 우리 부족 사람들은 낙타, 소, 염소 들에게 먹일 물과 풀을 찾아 사막을 이리저리 돌아다니며 살아가.

우리 부족에는 '사막에 투아레그족이 모르는 것은 없다.'는 속담이 있어. 우리는 천 년 넘게 이곳에 살고 있어서 사막에서 살아가는 데 알아야 할 모든 것을 알고 있거든. 우리 부족은 한곳에 머물지 않고 금이나 향료, 소금과 먹을거리와 옷을 사고팔며 살아간단다. 이렇듯 사하라 사막은 우리 모두의 소중한 터전이지만 여러 나라로 나뉘어져 오랫동안 싸우고 있어.

투아레그족 인구 : 약 250만 명

투아레그족의 거주 지역 : 니제르, 말리, 리비아, 알제리, 부르키나파소, 나이지리아 등 사하라 사막에 있는 여러 나라에 흩어져 살아요.

언어 : 프랑스어, 타마셰크어(투아레그어)

모든 투아레그족 남자들은 언제나 푸른색 천으로 머리를 두르고 얼굴도 가리고 살아. 그 때문에 얼굴이 푸르스름하게 물들어서 외부 사람들이 우리 부족을 "푸른 사람들"이라고 부르기도 하지. 나도 크면 푸른색 터번을 두를 거야.

우리는 일 년에 한 번 투아레그 축제를 열어. 다양한 전통 음악들을 연주하고 신나는 놀이가 펼쳐지는데, 내가 가장 좋아하는 음악은 투아레그 밴드가 연주하는 '티나리웬'이야. 티나리웬은 '사막들'이란 뜻인데, 우리에게 사하라 사막은 단 하나가 아니라 여러 사막으로 이루어진 곳이거든.

나사뿔영양

사막여우

기후 변화로 사막이 점점 더 건조해져 많은 동물들이 죽어가고 있어. 그리고 우리 부족의 전통적인 삶의 방식도 바뀌고 있단다. 이제 우리 가족은 마을에서 살 거래. 그리고 형제들이랑 나는 학교에 다닐 거야. 학교는 많은 사람들이 가축들을 데려와 물과 풀을 먹이는 우물 근처에 있어. 마을로 가면 편해지는 것도 있겠지만 우리 엄마 아빠, 특히 할아버지 할머니는 예전처럼 살지 못하게 되어서 슬퍼하셔.

남태평양의 바누아투

바누아투 날여우박쥐

야자집게

듀공

반가워, 나는 모니크야! 나는 화산과 산호초로 이루어진 남태평양의 바누아투에서 살아. 특히 우리 가족이 사는 에스피리투산토섬은 숲이 우거지고 어디를 둘러봐도 맑고 푸른 바다가 보이는 멋진 곳이란다.

우리 가족은 농사를 지어. 코코넛이랑 바닐라, 카카오를 기르고 돼지도 키우지. 우리 마을 코코넛 나무에서는 코코넛 열매를 집게발로 똑 꺾어 땅에 떨어뜨리는 야자집게를 쉽게 볼 수 있어. 코코넛 열매를 무척 좋아하거든.

아침에 어른들은 마을 밖 농장에서 일하고 아이들은 학교에서 공부해. 바쁜 시기엔 학교 다녀와서 집안일을 도우기도 하지.

바누아투는 열대 섬 83개로 이루어진 군도예요.

에스피리투산토섬의 인구 : 약 4만 명
바누아투의 인구 : 약 30만 명

언어 : 비슬라마어, 영어, 프랑스어(그러나 다른 언어와 방언들도 많이 쓰여요.)

피지 줄무늬이구아나

나는 형제, 친구 들이랑 바다나 강에서 수영하며 노는 걸 무척 좋아해. 물속에서 거북이랑 듀공을 만나기도 한단다. 하지만 대형 수족관 회사들이 에파테섬의 산호초를 훼손하고 물고기를 마구 가져가서 걱정이야. 물고기를 가져가도 된다고 허락해 주기는 했지만 그 때문에 물고기가 죽고 섬 주변의 바다가 점점 위험에 빠지고 있거든.

안타깝게도 아름다운 매부리바다거북은 전 세계 바다에서 점점 줄어들고 있어. 그래서 섬사람들은 수도 포트빌라 인근에 거북이 보호소를 두고 보호하려 애쓰는 중이야. 나는 해양 생물학자가 되어 더 많은 바다 생물들을 구하고 싶어.

매부리 바다거북

사람들도 위험해지긴 마찬가지야. 바누아투에는 활화산들이 계속 우르릉거리고, 가끔 지진이 나기도 하거든. 무엇보다 11월에서 4월 사이에 휘몰아치는 폭풍우는 정말 무시무시해.

애리조나주 수파이 마을

내 이름은 레오야. 나는 외딴 마을 수파이에 살고 있어. 우리 마을은 세계적으로 유명한 미국 애리조나주 그랜드 캐니언의 붉은 벽으로 둘러싸여 있단다.

미국에는 326개의 원주민 보호 구역과 567개의 원주민 부족이 있어요.

수파이 마을의 인구 : 약 200명

하바수파이 원주민 보호 구역의 인구 : 약 650명

언어 : 하바수파이어, 영어

캘리포니아 콘도르

우리는 여러 아메리카 원주민 부족 가운데 하바수파이 부족에 속해. '청록색 물이 사람들'이란 뜻이야. 우리 마을 가까이에 폭포가 쏟아지는 청록색 물웅덩이와 강이 있거든.

붉은꼬리 말똥가리

수파이는 가장 가까운 자동차 도로까지 13킬로미터나 떨어져 있어. 그래서 전거나 말 또는 노새, 헬리콥터를 타고 가야 해! 사람뿐 아니라 먹을거리, 옷, 가구, 건축 자재를 옮길 때도 마찬가지야.

수파이는 원주민 보호 구역 안에 있어. 우리는 미국 국민이지만, 원주민들만의 행정부와 사법부, 의회가 있어. 원주민들끼리 살아가는 아주 작은 나라인 셈이야.

న

캄보디아의 수상 가옥

회색머리 바다수리

안녕, 나는 노프야. 우리 가족은 캄보디아 톤레사프호에 있는 수상 마을 캄퐁플럭에 살아. 우리 마을의 집들은 모두 높다란 나무 기둥 위에 있어. 우기가 되면 몇 달 동안 마을이 온통 물에 잠기거든.

사다새

톤레사프 물뱀

톤레사프호는 아주 커다란 호수야. 특히 건기보다 우기가 되면 높다란 나무 기둥들이 전혀 보이지 않을 만큼 물이 차올라서 더 커져. 그럼 마치 집들이 물 위에 떠 있는 것처럼 보이지. 그땐 학교랑 친구 집은 물론이고 어디든 배를 타고 가야 해.

노란머리 늪거북

건기에는 호수의 물높이가 8미터나 낮아져서 사다리를 타고 집에 올라가야 해. 찰랑이는 물 대신 마을을 가로지르는 길을 따라 자전거를 타고 신나게 달릴 수 있어서 좋아!

우리는 생활에 필요한 물을 모두 호수에서 길어 와서 써.
우리 아빠와 마을 사람들 대부분은 호수에서 일하셔.
나도 아빠를 도와 물고기를 잡거나 그물을 손질하고, 시장에
내다 팔 물고기에 얼음을 채우기도 해. 엄청나게 크고 넓은
톤레사프호는 우리에게 필요한 것을 내주는 정말 소중한 곳이야.

캄퐁플럭의 인구 : 약 3,000명

캄보디아의 인구 : 약 1,700만 명

언어 : 크메르어

흰따오기 황새

씨엠립

캄보디아에서는 우기가 끝날 무렵에
가장 큰 '물과 달 축제'가 열려. 축제
때 카누 시합에서 이긴 사람에게는
그해 내내 행운이 깃든다고 해.

아이들은 무엇이든 배처럼
타고 가까운 친구 집에
놀러 가곤 해.

물에 떠 있는 우리 마을과 맹그로브 숲을 보러 찾아오는
관광객들이 해마다 늘고 있어. 그래서 관광 보트를 운전하거나
호수 한가운데에 식당을 차리는 마을 사람들도 있단다.

몽골 서부

안녕! 내 이름은 아크보타야. 나는 알타이산맥 자락에 있는 몽골에 살아. 이곳은 춥고 바람도 거세게 불어서 식물이 거의 자라지 못해. 그래서 대부분 가축을 키우거나 동물을 사냥하며 살아가.

우리 가족은 염소, 양, 낙타 들과 함께 살고 있어. 우리는 집을 옮겨 다니는 유목 민족이기 때문에 이동식 천막집 게르에서 산단다. 봄에는 가축들을 100킬로미터 떨어진 새로운 목초지로 데려가야 해.

스라소니

우리 아빠는 독수리 사냥꾼이야. 지금도 잘 길들인 검독수리를 날려서 사냥하는데, 내가 좀 더 자라면 가르쳐주실 거래. 전통적으론 남자아이들만 배웠지만, 아이숄판이란 유명한 여자 독수리 사냥꾼도 있거든. 무엇보다 이젠 독수리 사냥꾼이 거의 없어.

훌륭한 독수리 사냥꾼이 되려면 말도 잘 타야 하고, 힘도 좋아야 해. 독수리들은 여우를 낚아챌 만큼 힘이 아주 세거든. 나는 커서 선생님이랑 독수리 사냥꾼이 되고 싶어. 그래서 학교에서 공부도 열심히 해.

검독수리

몽골 인구 :
약 330만 명

독수리 사냥을 하는 가구 수 :
200가구

언어 :
몽골어, 오이라트어,
부랴트어, 카자흐어

산양

사냥을 하는 독수리는 수컷보다 크고 사나운 암컷만 아주 어린 새끼일 때 둥지에서 데려와. 그리고 가족처럼 잘 보살피며 길들인단다. 사냥꾼은 함께 사냥하며 몇 년을 지낸 뒤, 독수리들이 자유롭게 날아다니며 새끼도 낳을 수 있도록 놓아줘. 헤어지는 건 슬프지만 그렇게 하는 것이 옳으니까.

코사크여우

오빠 셋은 도시로 떠났어. 오빠들처럼 대학을 가거나 일자리를 얻으려고 도시로 떠나는 사람들이 점점 늘고 있어. 하지만 나는 계속 여기서 지내며 독수리 사냥도 하고 일도 할 수 있으면 좋겠어.

오스트레일리아 중부

반가워! 나는 스티븐이야. 우리 집은 오스트레일리아 한가운데 있는 울루루-카타추타 국립 공원에 있어. 이곳은 붉은 모래로 덮여 있는 넓고 평평한 사막 위에 높이 솟은 거대한 바위들로 유명한 곳이란다.

무티줄루 마을의 인구 : 약 400명

울루루-카타추타 국립 공원의 면적 : 1,334km²

언어 : 피찬차차라어, 얀쿠니차차라어, 루리차어, 영어

붉은캥거루

딩고

나는 울루루에서 몇백 미터 떨어져 있는 작은 마을 무티줄루에 살아. 울루루는 사막 한가운데 있는 세계에서 가장 큰 모래 바위인데 오스트레일리아의 원주민 아난구족이 매우 성스럽게 여기는 곳이야. 이 돌산은 매끄러워 보여도 가까이 가 보면 동굴과 구멍 들이 많아. 또 울루루에 올랐던 수백만 명의 관광객이 남긴 발자국 때문에 생긴 흰색 흉터도 있지. 이곳은 세계 생물권 보호 지구와 세계 복합 문화유산으로 등록되었고, 이젠 영원히 등반이 금지되었어.

오스트레일리아의 원주민인 우리 조상은 수만 년 전부터 이곳에서 살아왔어. 우리 아난구족의 문화는 세계에서 가장 오래된 것 가운데 하나래. 그래서 우리에게는 조상의 땅과 문화를 잘 이어가고 물려줄 의무가 있어. 어른들은 예로부터 내려오는 이 땅의 식물과 동물 들, 세계 창조에 관한 노래와 이야기 그리고 의식을 담은 추쿠르파를 우리에게 가르쳐 주셔.

갈색매

울루루-카타추타 국립공원에는 둥그런 모양의 바위산 36개로 이루어진 카타추타도 있어. 원주민들에게는 울루루와 카타추타 모두 아주 신성한 곳이야. 그래서 곳곳에 일반 관광객들이 갈 수 없는 장소들이 있단다.

사랑앵무(잉꼬)

비늘꼬리왈라비

호주목도리앵무

워마파이톤

푸른혀도마뱀

우리 원주민들은 전통을 소중하게 여기지만 현대적으로 살아가고 있어. 나는 친구들과 학교에 가고, 게임을 하거나 시내 수영장에서 수영도 즐기거든. 그러면서 원주민이 꼭 알아야 하는 추쿠르파도 잊지 않고 부모님께 배우고 있지.

융가스 계곡

안녕! 나는 하이메야. 우리 가족은 안데스산맥 기슭에 있는 볼리비아의 융가스 계곡에 살아. 이곳은 구름과 안개가 늘 낀 곳에 자라는 운무림으로 둘러싸여 경치가 정말 아름다워!

나는 농장에서 감자랑 옥수수랑 오렌지를 키우는 아빠를 돕기 위해 일찍 일어나. 벌집도 한 개 있단다. 이곳은 땅이 기름지고 날씨가 따뜻하면서 비도 자주 내려서 작물이 잘 자라.

우리 학교는 깊디깊은 융가스 계곡 건너편에 있어. 그래서 나는 아주 독특한 방법으로 학교에 간단다. 바로 아빠가 놓아 준 계곡을 가로지르는 집라인이야! 농부들도 집라인을 타고 계곡을 건너다녀. 맞은편까지 휙휙 가로질러 가는 모습이 마치 하늘을 나는 것 같아서 '새 인간'이라 부르기도 해. 그러니까 나도 새 인간인 셈이야. 맞은편에 다다르면 다리를 들었다가 발을 굴러서 스스로 멈춰야 해. 내려서 학교까지는 1킬로미터쯤 걸어가면 되지. 하지만 2시간 넘게 걸어서 학교에 다니는 친구들도 있어.

안데스콘도르

융가스는 남아메리카 볼리비아에 있어요. 서쪽으로 길게 이어진 안데스 산맥의 동쪽 비탈진 면을 따라 띠처럼 펼쳐진 숲이지요.

볼리비아의 인구 : 약 1,100만 명

언어 : 스페인어, 케추아어, 아이마라어 등

나는 학교 다니는 게 참 좋아. 커서 토목공학자가 되고 싶거든. 그래서 우리 마을에 튼튼한 다리를 세울 거야. 마을 사람들이 내가 세운 다리로 계곡 양쪽을 편하고 안전하게 오가도록 말이야!

학교는 오후 2시면 끝나. 계곡과 숲은 빨리 어두워지고, 어둑하면 위험해서 얼른 집에 가야 하거든. 낮에는 앞에 위험한 동물이 있는지 눈으로 확인할 수 있지만 밤에는 제대로 볼 수 없어. 또 미끄러져서 다치기라도 하면 가까이에 도와줄 사람이 없어서 조심해야 해.

부시마스터

노랑꼬리 양털원숭이

진흙 벽돌 도시 젠네

내 이름은 코무사야. 나는 말리의 수도 젠네에 살아. 말리는 사하라 사막과 아프리카 열대 초원 사이에 있는 나라란다.

우리 가족이 살고 있는 젠네에는 세계에서 가장 큰 진흙 건물 '대모스크'와 진흙으로 만든 여러 전통 가옥이 남아 있어. 그래서 세계 문화유산으로 지정되어 보호하고 있지. 대모스크 안에는 99명의 신을 의미하는 기둥 99개가 있어. 이곳은 젠네 사람들이 가족과 기도하는 신성한 곳이야.

악어 물떼새

대모스크

검은어깨솔개

대모스크는 햇볕에 말려 굽고 진흙 석고를 씌운 진흙 벽돌로 지었대. 아주 오래 전에 지어진 데다 진흙으로 만들어서 해마다 모스크에 진흙 반죽을 입히는 축제가 열리고 있어. 이때 여자들은 물을 나르고 남자들은 진흙 반죽을 만들어서 옮겨. 우리 아빠는 그 진흙을 벽에 바르는 석공이셔! 수천 명의 도시 사람들이 모여 대모스크를 고치는 동안 악공들은 음악을 연주하고 먹을 것도 넘쳐나. 힘들지만 대모스크를 지키기 위해 우리가 꼭 해야 할 일이야.

우리 가족은 아빠, 엄마, 나, 남동생 아마두와 여동생 아세투 이렇게 다섯 명이야. 우리 집도 대모스크처럼 진흙으로 지어져서 해마다 우기가 오기 전에 아빠가 도시의 다른 집들처럼 손을 보셔. 집 벽에 반죽을 덧대고 초가지붕도 새로 덮어야 하거든. 나도 아빠를 도우면서 석공 일을 배우고 있어.

진흙 벽돌집은 여름에 시원하고 겨울에 따뜻하지만, 해마다 반죽을 덧바르지 않아도 되는 콘크리트 집에서 살고 싶어 하는 사람들도 있어. 하지만 나는 전통적인 진흙 벽돌집이 멋스러워서 좋아!

말리는 아프리카의 내륙 국가예요.

젠네의 인구 : 약 3만 3,000명

언어 : 프랑스어, 밤바라어, 풀풀데어, 타마셰크어, 도곤어, 송가이어

셰틀랜드 제도

힌꼬리수리

셰틀랜드 조랑말

잔점박이 물범

수달

내 이름은 코너야. 나는 스코틀랜드 본토와 노르웨이 사이 북해에 있는 섬에 살고 있어. 거센 바람이 몰아치는 곳이지.

우리 집은 셰틀랜드 제도에서 가장 큰 섬인 메인랜드에 있어. 이곳에는 수백 개의 섬이 있지만, 사람이 사는 섬은 16개뿐이야. 다리로 이어진 섬들도 있고, 배로만 다닐 수 있는 섬들도 있어. 오래 전에 바이킹이 살았던 곳이라 운스트, 옐, 페틀라, 모우사, 머클플루가처럼 고대 노르웨이어로 된 섬 이름이 많아.

우리 학교는 메인랜드의 중심 도시인 러윅에 있어. 스코틀랜드 본토에서 170킬로미터 떨어져 있지만 그곳 아이들과 똑같은 교육 과정으로 공부해. 형 제이미는 엄마가 수학 선생님으로 있는 중학교에 다니고 있어.

메인랜드는 머나먼 북쪽에 있어서 여름에는 거의 어두워지지 않아. 그래서 우리 가족은 바닷가로 소풍 가서 맑고 차가운 바다에서 수영하며 놀아. 가끔 범고래가 물범을 사냥하는 모습도 볼 수 있어!

혹등고래

범고래

대서양퍼핀

한겨울에는 낮이 아주 짧아. 해가 아침 9시가 넘어 뜨고 오후 3시가 되기 전에 지거든. 이렇게 어둑어둑한 1월이 되면 며칠 동안 유럽에서 가장 큰 불 축제가 열린단다. 바로 바이킹이 셰틀랜드 제도에 도착한 것을 기념하는 '업 헬리 아' 축제야. 이때 축제의 책임자인 얄과 함께 바이킹 복장을 입은 귀제르라 불리는 사람들이 900개가 넘는 횃불을 들고 신나게 행진해. 그런 뒤 일 년 내내 만든 아름다운 바이킹 배를 태우면 축제가 끝나!

셰틀랜드 제도의 인구 :
약 2만 3,000명

스코틀랜드의 인구 :
약 540만 명

언어 : 셰틀랜드 스코틀랜드어, 스코틀랜드 게일어, 영어

야말반도

- 네네츠의 인구 : 약 4만 5,000명
- 야말반도의 면적 : 12만 2,000km²
- 언어 : 네네츠어(삼림네네츠어와 툰드라네네츠어), 러시아어

툰드라늑대

댕기흰죽지

북극여우

안녕! 나는 니아드마야.
우리 가족은 네네츠인이고, 러시아 북쪽 끝에 있는 야말반도에 살아. 야말반도는 우리 부족 말로 '세계의 끝'이라는 뜻이란다. 우리는 순록 떼를 몰고 툰드라를 돌아다니며 살아가.

순록은 우리에게 정말 중요해. 순록은 우리의 교통수단이자 먹을거리이면서 집이고 옷이야. 우리는 순록의 뼈로 썰매 부품을 만들고, 순록 고기를 먹고, 순록 가죽으로 천막집을 만들거나 옷도 지어 입거든. 순록 가죽은 이곳의 혹독한 추위에서 우리 가족을 보호해 줘. 또 힘줄로는 실도 만들어.

우리 가족과 부족은 자주 옮겨 다녀야 해서 이동식 천막 '먀'에서 살아. 먀는 긴 나무 기둥에 순록 가죽이나 천을 덮어서 만드는 우리 부족의 전통적인 집이야.

아이들은 가을부터 봄까지 보르쿠타시에 있는 기숙 학교에서 지내며 다른 러시아 아이들과 함께 공부해. 겨울에는 섭씨 영하 50도까지 내려갈 때도 있어서, 부족 어른들은 순록들을 먹이가 풍부한 남쪽 숲으로 데리고 가야 하기 때문이야. 우리는 여름이 되어야 집으로 가서 보고 싶은 가족과 함께 북쪽으로 이동해. 여름에는 툰드라에도 순록의 먹이가 있거든.

흰멧새

사향소

지구가 더워지고 있어서 전보다 얼음이 빨리 녹고 늦게 얼어. 언제나 꽁꽁 얼어 붙어 있던 얼음층도 녹기 시작했대. 또 기업들이 우리가 살고 있는 땅 밑의 석유와 가스 때문에 목초지를 마구 파헤치고 있어서 너무 속상해. 우리는 전통 방식대로 계속 살 수 있기를 간절히 바라거든.

순록

흰죽지꼬마물떼새

찾아보기

ㄱ
그랜드 캐니언 30-31
기후 변화 5

ㄴ
네네츠 46-47
노르웨이 24-25
뉴욕 42-43

ㄷ
대모스크 40-41

ㄹ
러시아 46-47

ㅁ
마사이 16-17
말리 40-41
몽골 34-35
미국 12-13, 30-31, 42-43

ㅂ
바누아투 28-29
바이킹 44, 45
방글라데시 8-9
베네치아 14-15

베이징 18-19
볼리비아 38-39

ㅅ
사하라 사막 26-27
세렝게티 16-17
셰틀랜드 제도 44-45
쇠뢰위아 24-25
순다르반 8-9
순록 46, 47
시코쿠 22-23

ㅇ
아마존 열대 우림 20-21
아메리카 원주민 30-31
알래스카 12-13
야말반도 46-47
업 헬리 아 45
오로라 25
오스트레일리아 36-37
완리창청 19
울루루-카타추타 36-37
유네스코 8, 31
융가스 계곡 38-39
이탈리아 14-15
일본 22-23

ㅈ
정글 8-9, 39
젠네 40-41

중국 18-19
지구 온난화 15
지진 29

ㅉ
쯔진청 18

ㅊ
축제 17, 21, 28, 38, 46

ㅋ
카파도키아 10-11
캄보디아 32-33
캄퐁플럭 32-33

ㅌ
투아레그 26-27
튀르키예..................... 10-11
툰드라 12, 46, 47

ㅎ
화산 29

48